Steuerwahn, Finanza
Steuerhinterziehung

Steuerwahn, Finanzamt-Stress,
Steuerhinterziehung

Steuerwahn, Finanzamt-Stress,
Steuerhinterziehung

Wolfgang Schröder

Steuerwahn, Finanzamt-Stress und

(angebliche)

Steuerhinterziehung

Was wir von Uli Hoeneß, Klaus Zumwinkel oder Boris Becker lernen können

Steuerwahn, Finanzamt-Stress,
Steuerhinterziehung

1. Auflage März 2020
ISBN: 9798631235144

Die Deutsche Nationalbibliothek ver-zeichnet diese
Publikation in der Deutschen Nationalbibliografie;
detaillierte bibliografische Daten sind im Internet über
www.dnb.de abrufbar.

Einführung

Steuern sind eine lästige Notwendigkeit, die es wohl schon seit Jahrtausenden gibt. Gegenteilige Interessen prallen aufeinander: der Herrscher oder der Staat möchten so viel wie nur möglich einnehmen, die Bevölkerung will nur das Minimum zahlen, so viel wie eben notwendig. So alt wie die Steuern sind auch die Wege und Ideen, Steuerzahlungen ganz oder doch zumindest teilweise zu umgehen. Früher hat die Öffentlichkeit nicht von solchen Fällen erfahren, aber seit den modernen Massenmedien ist dies anders geworden. So wird heute über die Fälle engagiert berichtet, diskutiert und gestritten. Der Hautteilnehmer jedoch, das Finanzamt, hält sich vornehm zurück, öffentliche Verlautbarungen aus diesem Hause haben Seltenheitswert. Somit steht die Frage im Raum: sind die mitunter harten Maßnahmen der Finanzämter gerechtfertigt, wird das gerechte Maß gehalten, werden die Bürger fair und ehrlich behandelt?

Blickt man etwas genauer in die zugegeben extrem schwierige Steuermaterie, so gewinnt man Zweifel und es entsteht der Eindruck, dass, wenn wir von Steuerhinterziehung sprechen, auch das Thema Steuergerechtigkeit oder gar Steuerwahn zum Thema machen müssen. Denn es ist nicht etwa so, dass wir auf der einen Seite nachlässige oder gar kriminelle Steuerzahler hätten, und auf der anderen Seite eine unbescholtene, stets gerecht agierende Behörde, sondern das Bild ist differenzierter, vielschichtiger.

Wer sich mit dem Finanzamt anlegt, kämpft auf verlorenem Posten: das Finanzamt schätzt Ihre Beträge – Sie müssen den letzten Cent genau nachweisen. Das Finanzamt darf Ihr Konto pfänden – Sie müssen um jede Rückzahlung betteln. Rückzahlungen des Finanzamtes bleiben unverzinst – Ihre Steuerschulden werden mit einem Wucherzins versehen. Sind Sie einmal krank, können Sie sich nicht aktiv gegen das Amt wehren – ist ein Sachbearbeiter krank, wird er sogleich gegen den nächsten ersetzt. Ihnen steht immer eine Schwarm"intelligenz" gegenüber, Sie dagegen kämpfen allein. Beamte der Steuerver-

waltung bekommen am Monats-
anfang ihr Gehalt für noch nicht
geleistete Arbeit – Sie erhalten
ihren Lohn einen Monat nach
getaner Arbeit oder gelieferter
Ware. Sie erhalten jedes Jahr
unverständliche Schreiben in
einem grottenschlechten Amts-
deutsch, fast in jedem dieser
Briefe werden Strafen aller Art an-
gedroht – falls Sie sich einmal im
Ton vergreifen, werden Sie sogleich als „Querulant" gemobbt,
sanktioniert und besonders genau
geprüft. Die Steuerbehörde weiß
alles über Sie: was Sie verdienen,
ob Sie geschieden sind, wo Sie Ur-
laub machen, einkaufen, Essen ge-
hen. Sie wissen über den Sachbearbeiter nichts. Sie sind zu jeder
Auskunft verpflichtet, das Amt be-
ruft sich auf das Steuergeheimnis.

Berufen Sie sich doch einmal gegenüber der Behörde auf das
Steuergeheimnis, dann schickt Ihnen das Amt die Polizei nach Hause – ohne Gerichtsbeschluss, denn
den benötigt das Finanzamt selbstverständlich nicht. Diese Liste der
Ungleichbehandlung und Diskriminierung könnte beliebig fortgesetzt
werden.

Entstanden sind diese Missstände in Mitteleuropa im 15. Jahrhundert. Adelige Ritter benötigten damals immer höhere Summen, um
ihre teure Kampfausstattung und
ihre kostspieligen Burgen zu unterhalten. Um die Gelder einzutreiben wurden Ritterbünde gegründet, wie der Sternenbund, der
Bund „Vom Horne" oder der Löwenbund. Diese Bünde gingen
gnadenlos gegen die Leibeigenen

der Ritter vor: wer nicht zahlen
konnte, wurde mit Ausplünderung
oder Brandschatzung bestraft.
Zahlreiche neue Steuern und Ab-
gaben wurden eingeführt, so eine
Biersteuer, ein Wegezoll selbst für
Tiere (!), eine Sonderabgabe für
das Recht, in der Schlosskirche am
Gottesdienst fehlen zu dürfen (Sie
haben richtig gelesen: es herrschte
Anwesenheitspflicht, wenn der
Pfarrer predigte, wovon man sich
aber freikaufen konnte) usw.
Gleichzeitig führten die Ritterbünde genauestens Buch über Einnahmen, Steuerleistungen, Verpflich-
tungen – diese sorgfältige Buch-
führung war einer der Vorläufer
der modernen Steuerverwaltung.
Federführend beteiligt waren an
der Einrichtung einer frühneuzeit-
lichen Steuerbehörde der Franke

Hans Thomas von Absberg (1477-1531) und der Österreicher Gamareth Fronauer (geb. vor 1448-1498). Von der Bevölkerung wurden solche Adeligen aber bald „Raubritter" genannt, ein Begriff, der mündlich wohl im 14. Jahrhundert aufkam und schriftlich erstmals 1672 belegt ist.

Im Laufe der Jahrhunderte ist aus den Vorarbeiten der Ritter dann ein perfides Steuersystem geworden. Perfektioniert wurde das System aber im NS-Staat, aus vermutlich zwei Gründen: 1. die Nationalsozialisten wollten ihren Weltkrieg finanzieren, dazu wurde jede Steuer benötigt. 2. die Nationalsozialisten gingen erbarmungslos gegen einen Teil der eigenen Bevölkerung vor; so wurden vor allem die Vermögen der Juden mit

zahlreichen neuen Steuern und
Sonderabgaben belegt.

Unglaublich, aber wahr: das Finanzamt
Berlin-Charlottenburg ziert noch heute
ein Reichsadler der Nazijahre, lediglich
das Hakenkreuz wurde schamhaft mit
der Hausnummer überklebt.

Nachgewiesen hat das eindrucks-
voll Reimer Voß in seinem Buch
„Steuern im Dritten Reich: vom

Recht zum Unrecht unter der Herrschaft des Nationalsozialismus" (1995). Von Juden wurde auf einmal eine Reichsfluchtsteuer erhoben, es gab eine Judenvermögensabgabe, bei den Einkommensteuergesetzen waren sie ab 1934 benachteiligt, was 1939 nochmals verschärft wurde. Der allerletzte Satz des umfangreichen Buches lautet: „Aus heutiger Sicht aber müssen wir sagen, daß die Steuerrechtler ihrer Verantwortung gegenüber den Rechtsidealen einer menschlichen Gesellschaft nicht gerecht geworden sind".

Nach den Nationalsozialisten wurde es kaum besser, die menschliche Gesellschaft wurde weder im real existierenden Sozialismus Wirklichkeit noch im System der „freien" Marktwirtschaft. Vor allem in der DDR wurde die Steuerbehörde ein Hebel der Repression und Einschüchterung. Der Berliner Rechtsanwalt Ulf Bischof hat dazu eine wissenschaftliche Studie vorgelegt: Steuerbehörde und Staatssicherheit arbeiteten Hand in Hand. Schon in den 1970er Jahren gab es innerhalb des Ministeriums für Staatssicherheit eine eigene Abteilung, die sich darum kümmerte, wie man an das Vermögen von Privatpersonen herankommen könnte. Für den Staat war dies leicht: man forderte von den Eigentümern urplötzlich eine „Kunststeuer" auf den röhrenden Hirsch im Wohnzimmer, auf Omas Kaffeeservice und Opas Schaukelstuhl. Wehrten sich Bürger gegen diese Form der Enteignung, wur-

den sie inhaftiert, verschwanden in
der DDR-Psychiatrie oder wurden
in einem Fall sogar ermordet! Die
Kunstgegenstände verschwanden
auch, nämlich erst in geheimen La-
gerhallen, zum Beispiel in Mühlen-
beck im Norden von Berlin, von wo
aus sie über Strohmänner und
Scheinfirmen in den Westen ge-
bracht wurden. Der staatliche
Raub an der eigenen Bevölkerung,
so wird geschätzt, brachte jährlich
zehn Millionen Westmark in die
Kassen.

Dass nun eine Diktatur wie der
„Sozialismus mit menschlichem
Antlitz" seine eigene Bevölkerung
enteignete, mag man noch nach-
vollziehen. Doch ist es im goldenen
Westen wirklich anders? Die hier
vorgestellten Beispiele von der
Gründung der BRD bis nach der

Wiedervereinigung bringen die grausame Wahrheit ans Tageslicht: Bei Steuern ist Schluss mit lustig, da wird der Staat zum maßlosen Leviathan. Betrug in biblischen Zeiten die Steuerlast zehn Prozent (der legendäre „Zehnt"), so kann man heute davon nur noch träumen. Rechnet man alle offiziellen und versteckten Steuern zusammen, von der 1902 eingeführten Schaumweinsteuer bis zur Rundfunkzwangsgebühr, über Einkommensteuer, Gewerbesteuer, Kapitalertragsteuer, Erbschaftsteuer, Mehrwertsteuer usw., so kommt man auf eine Belastung von derzeit 76 Prozent.

Steuerwahn, Finanzamt-Stress,
Steuerhinterziehung

Steuerwahn, Finanzamt-Stress,
Steuerhinterziehung

1. Siegbert Springer springt in die Spree:

Wie Nationalsozialisten Steuern eintrieben

Schon im Dritten Reich arbeiteten die Steuerbehörden besonders hemmungslos und brutal, da diese Behörde unter jedem Unrechtsregime geradezu aufblüht. Besonders hart hat es Siegbert Springer getroffen. Dieser stammte aus Schubin bei Bromberg, wo er 1892 geboren wurde. Er studierte Rechtswissenschaften und promovierte 1907 in Rostock mit der Arbeit „Die Aufrechnungsbefugnis

19

des Hauptschuldners gegenüber
dem Regreßanspruch des Bürgen
mit einer ihm an den befriedigten
Gläubiger zustehenden Gegenfor-
derung", was auch im Steuerrecht
eine große Rolle spielt. Als der
Erste Weltkrieg ausbrach, diente
er als Feldwebel an der Westfront,
geriet in französische Kriegsgefan-
genschaft und wurde am 16. Dezember 1918 entlassen. Er begab
sich nach Berlin, wo er als Repetitor selbstständig tätig wurde. Bei
diesem Beruf bereitete er also Studenten und auch Studentinnen auf
die juristischen Examina vor.
Springer erarbeitete sich einen ex-
zellenten Ruf und galt bald als bes-
ter Repetitor in ganz Berlin; beliebt war er bei seinen Studenten
wegen seines schwarzen Humors.
Als Selbstständiger hatte er dazu

in Berlin-Moabit (Spenerstraße 15, erster Stock links) eine kleine Wohnung, in der er seinen Unterricht gab. Seit 1989 erinnert hier eine Gedenktafel an Siegbert Springer, bei der leider ausgelassen wurde, aus welchem Grund Springer aus dem Leben schied – davon soll die Bevölkerung offensichtlich nichts erfahren.

Von 1933 bis 1938 hatte Springer immer wieder mit dem Finanzamt zu tun. Da er Jude war, machten ihm die zahlreichen Sondergesetze und Diskriminierungen schwer zu schaffen und es ist ein Wunder, dass Springer überhaupt bis 1938 beruflich tätig sein konnte. Der Druck nahm zu, 1938 forderte das Steueramt Rückzahlungen und kündigte eine Strafzahlung von über 680 Reichsmark an,

weil Springer gegen das Gesetz
verstoßen habe, indem er als Jude
„Arier" in Rechtswissenschaften
unterrichtete. Auch wurde ihm
vorgeworfen, gegen wettbewerbli-
che Bestimmungen verstoßen zu
haben, indem er keine oder zu
niedrige Gebühren verlangt habe
und damit den Staat um seine
Steuereinnahmen bringe. Hören
wir dazu einen seiner ehemaligen
Schüler: Springer „hatte aber keine Beziehung zu Geld. In der zweiten Hälfte der zwanziger Jahre betrug die Gebühr für einen Kurs 20
RM. (Als Hilfsarbeiter konnte man
damals 200 – 300 RM monatlich
verdienen). Dieses Geld wurde ihm
in einem Umschlag übergeben. Er
steckte es verstohlen ein. Man
konnte bei Notlage ohne weiteres
auf vollen Erlaß rechnen. Er haßte

es, über Geld sprechen zu müssen."

Springer nutzte es leider wenig, dass er Kontakte zu einflussreichen Persönlichkeiten besaß. Er hatte die Söhne von Reichskanzler Hermann Müller und Wilhelm Marx, Reichsaußenminister Gustav Stresemann, Reichsinnenminister Erich Koch-Weser und von Reichsgerichtspräsident Walter Simons unterrichtet. Sogar die Enkel des letzten deutschen Kaisers gingen bei Springer in die Schule – man ließ sich von Juden gerne helfen, ohne ihnen selbst Hilfe zukommen zu lassen.

Schließlich waren die Zahlungsaufforderungen und der Druck des Finanzamts zu groß. Siegbert Springer nahm sich am 10. Mai 1938 das Leben, er hat sich in der

Spree nahe seines Wohnsitzes ertränkt.

Steuerwahn, Finanzamt-Stress,
Steuerhinterziehung

2. Ausgequakt in Quakenbrück

Besonders tragisch ist das Schicksal von Wilhelm Bosse, den das Finanzamt aus Geldgier regelrecht in den Tod getrieben hat. Man denkt, diese grausame Geschichte stammt aus dem Dritten Reich, doch sie ereignete sich 1954, als die Bundesrepublik als „Rechtsstaat" bereits einige Jahre existierte. In den Finanzämtern trieben aber die ehemaligen Nationalsozialisten weiterhin ihr Unwesen und drangsalierten die Bevölkerung.

Wilhelm Bosse (1908-1954) arbeitete als Dachdeckermeister in Quakenbrück, eine beschauliche

Fachwerkstadt im Landkreis Osna-
brück in Niedersachsen. Aus seinem Leben ist nichts Negatives bekannt: Bosse hat keine Verbrechen
begangen, keine Frau ermordet,
keine Bank überfallen, keine Steuern hinterzogen. Im Gegenteil: er
war an seinem Heimatort geach-
tet, Mitglied im Kegelverein und
unter Kollegen beliebt.

Er machte nur einen großen Feh-
ler: Meister Bosse hatte für sich
und seine Familie ein kleines Vermögen angehäuft, dass nun der
Fiskus an sich reißen wollte. Besonders hartnäckig hat sich dabei
der Steuerprüfer Thönissen her-
vorgetan. Thönissen war ein ganz
besonderer Steuerfahnder: er war
viele Jahre als Steuerberater tätig,
wechselte dann die Seiten, indem
er bei der Finanzbehörde eine

neue Arbeit fand. Dank seiner inti-
men Kenntnisse lieferte er viele
derjenigen ans Messer, die er zuvor beraten hatte!

Unangemeldet erschien Thönissen in der Werkstatt von Bosse und
setzte ihn unter Druck, wobei er
behauptete, Bosse habe ja so viel
Vermögen, da brauche er sich ja
vor nichts fürchten. Es blieb nicht
bei einem Besuch, sondern Bosse
wurde regelrecht unter Druck ge-
setzt. Wieder unangemeldet erschien die Steuerfahndung in seinem Haus und untersuchte dieses
auf das Genaueste. Jeder, der
schon einmal eine Hausdurchsuchung über sich ergehen lassen
musste, weiß, wie demütigend und
gnadenlos dies ist: die Beamten
wühlen in der Unterwäsche der
Frau, Lebensmittel werden zer-

stört unter dem Vorwand, man
würde dort Geld oder Gold verste-
cken, selbst Kacheln und In-
stallationen werden abgerissen,
zerschlagen, zertreten. Für das
Aufräumen sind sich die feinen Beamten selbstverständlich zu scha-
de, und auch Schadensersatz für
die Zerstörungen wird nicht geleis-
tet, selbst wenn gar nichts gefun-
den wurde. So war es natürlich
auch im Falle von Meister Bosse.
Obwohl die Hausdurchsuchung er-
folglos verlief, litt der Ruf des ehr-
baren Handwerkers, denn darauf
hatten die Finanzbeamten es ja ab-
gezielt. Dennoch weigerte sich
Bosse standhaft zu zahlen.

Am 23. Februar 1954 sollte er
wieder einmal beim Finanzamt er-
scheinen – mit solchen Vorladungen versuchte die Behörde Bosse

zu zermürben, da er als Selbstständiger den zahlreichen Schreiben und Vorladungen kaum nachkommen konnte und durch die Behörde finanzielle Einbußen erlitt, für die das Finanzamt natürlich in keiner Weise aufkam. Bosse stand alleine, auf Seiten der Finanzbehörde standen Sachbearbeiter, Juristen und Steuerexperten. Diese verdienten ihren Lebensunterhalt durch das Vorgehen gegen Bosse; Bosse hingegen verlor Zeit und Einkommen.

Meister Bosse hielt dem Druck der Steuerbehörde schließlich nicht länger stand. In den frühen Morgenstunden des besagten Dienstag nahm er einen Strick, stieg auf den Dachboden seines Hauses und erhängte sich. Er hinterließ Frau und Kinder.

Bosse wurde am 28. Februar
1954 beerdigt. Die Beerdigung des
Märtyrers der Steuerungerechtig-
keit wurde zu einem Protestzug
gegen Steuerwillkür, Beamtenherr-
lichkeit und Bürgerschikanen.
Unter den 4000 Trauergästen
waren viele Handwerkskollegen
aus ganz Niedersachsen angereist,
die ebenfalls unter der Steuerlast
litten. Man forderte gerechtere
Steuern und ein anderes Verhalten
der Behörden. Vor allem die
Betriebsprüfer führten sich immer
wieder in Gutsherrenmentalität
auf und waren in ganz Niedersachsen gefürchtet.

Geholfen hat es so gut wie
nichts, obwohl der Staat 1954 an-
lässlich dieses tragischen Falls offen zugab, dass er durch raffinierte
Prüfungen versuchte, an untragba-

re Steuern heranzukommen. Finanzminister Alfred Kubel (1909-1999) gab ebenfalls zu, dass die Zersplitterung des Steuerrechts und die Steuerhöhe geändert werden müsse. Geändert hat sich seitdem nichts: Kubel machte Karriere, wurde Ministerpräsident, hat aber sein Versprechen nicht eingelöst. Auch Thönissen wurde nicht verurteilt, geschweige denn angeklagt. Ganz im Gegenteil, die Oberfinanzdirektion in Hannover log zu dem Fall noch, indem sie Thönissen korrektes Vorgehen bescheinigte und frech behauptete, der Handwerksmeister habe eben ein Alkoholproblem gehabt. Damit war der Fall für die Behörden erledigt.

Auch in den folgenden Jahren sind unbescholtene Steuerzahler

von den Finanzbehörden immer
wieder drangsaliert, verfolgt und
letztlich auch in den Tod getrieben
worden. Fairerweise muss man
aber sagen, dass diese Selbstmor-
de eigentlich ein Fauxpas sind: die
Finanzämter haben eher ein
Interesse, ihre Opfer langsam
auszusaugen und so noch an die
letzten Ersparnisse zu kommen.
Ein Toter ist für die Steuerbehörden letztlich unbrauchbar, da
sich aus ihm nichts mehr heraus-
pressen lässt. Hier bewahrheitet
sich einmal die Weisheit, dass das
letzte Hemd eben keine Taschen
hat.

Steuerwahn, Finanzamt-Stress,
Steuerhinterziehung

3. Vom Staat bestohlen: Steuern unter dem Sozialismus

Blicken wir zurück in den Osten, genauer gesagt in die DDR. Viele sind heute erstaunt, dass es im Sozialismus überhaupt eine Steuerbehörde gab, da ja, glaubt man der Theorie, alles allen gehören sollte. Doch lesen Sie selbst...

Helmuth Meißner führte in Dresden ein Antiquitätengeschäft. Er hatte dieses Geschäft kurz nach Kriegsende gegründet, zu einem Zeitpunkt, als es die DDR noch gar nicht gab.

Als eines der wenigen Privatbetriebe war das Geschäft bereits vielfältigen staatlichen Schikanen und Belastungen ausgesetzt. Doch der Staat wollte diesen Betrieb nicht aussaugen, sondern ganz übernehmen. Der Antiquitätenladen geriet sehr früh in das Visier der Staatssicherheit, aktenkundig bereits 1953. Der Grund war, dass in dem Laden auch immer wieder Kunden aus dem Westen, auch Offiziere der britischen oder amerikanischen Armee, verkehrten. Das war nicht verboten, aber nicht gerne gesehen, man witterte sogleich „Agententätigkeit" und betrachtete den Laden als Treffpunkt von Verschwörern, Meißner sei ein „Feindarbeiter". Die Verdächtigungen erwiesen sich aber als haltlos, Meißner war unschuldig.

1968 eröffnete man gegen ihn einen Strafprozess wegen „illegalen Goldhandels", doch erneut konnte Meißner seine Unschuld beweisen.

Dennoch observierte die Staatssicherheit Meißner weiterhin kontinuierlich. 1982 berichtete ein Spion, Meißner sei einer der reichsten Männer der DDR, er würde in der Öffentlichkeit mit einen Ring im Wert von 100.000 Mark protzen, privat würde ihm ein Rembrandtgemälde gehören. Nichts davon entsprach der Wahrheit. Unumwunden heckte man einen Plan aus, Meißner mit extremen Steuern zu belegen, um an den Besitz seiner Kunstgegenstände zu kommen. Das Mittel der Wahl: eine Hausdurchsuchung der Steuerfahndung, selbstverständ-

lich nicht angekündigt im Morgengrauen. Bis zu zwölf Steuerfahnder
durchwühlten die gesamte Wohnung, brachen Parkett auf, durch-
bohrten Wände und hinterließen
die Zimmer in einem Zustand, der
Meißner an die Bombardierung
Dresdens erinnerte.

Meißner wohnte nun nicht einmal in einer der vielen Dresdner
Villen, sondern in einer einfachen
Wohnung im Stadtteil Striesen. In
dieser lagerten auch Gegenstände
seines Antiquitätengeschäfts, die
die Steuerbehörde einfach seinem
Privatvermögen zuordnete. Alte
Möbel wurden zu wertvollsten An-
tikschränken, Omas Kaffeeservice
zu prätentiösen „Asiatika", Geweh-
re aus dem Zweiten Weltkrieg zu
historischen Waffen. Selbstverständlich wurden die Antiquitäten

gleich auf Lastwagen geladen und abtransportiert.

Damit Meißner sich nicht gegen diese Beschlagnahmungen und die Zahlungen wehren konnte, wurde er in die Psychiatrie Arnsdorf, die dem Bezirkskrankenhaus Dresden angeschlossen war, eingewiesen. Das geschah ausdrücklich gegen seinen Willen und unter Gewalteinwirkung. In der Anstalt lebte er als stationärer Patient wie ein Gefangener, hatte nicht einmal die (wenigen) Rechte eines DDR-Häftlings. So wurde er durch Isolation zermürbt. Meißner dachte in seiner Verzweiflung an Suizid, er überlegt, sich als lebende Fackel vor das Rathaus der Stadt Dresden zu stellen. Inzwischen errechnete die Steuerbehörde einen Fantasiebescheid, mit dem man erhoffte,

bereits an die Hälfte des Privatvermögens von Meißner zu gelangen.
Vor allem die Staatssicherheit trieb
die Steuerverwaltung an, die Summen nach oben zu setzen, was diese willfährig umsetzte. Schließlich
forderte man ganze 95 Prozent seines Privatvermögens als „Steuerschuld".

Meißner konnte sich bislang
nicht zur Wehr setzen, da er, inzwischen achtzigjährig, viele Monate
in der Psychiatrie verbracht hatte.
Er verließ diese Stätte erst am 3.
November 1982: gesundheitlich
angeschlagen, erschöpft und trau-
matisiert. Nun musste er seine
Enteignung erleben: der Steuerbe-
scheid wurde auf 5,2 Millionen
Mark festgelegt, oben drauf kamen
nochmals 260.000 Mark „Bearbei-
tungsgebühr". Ein Einspruch ge-

gen das Verfahren war nicht möglich, da die DDR keine Verwal-
tungs- und keine Finanzgerichts-
barkeit kannte.

Wie üblich in solchen Fällen war
die Frist zur Zahlung mit zwei Wo-
chen äußerst knapp bemessen, so
dass nicht einmal mehr Zeit zu
Verkäufen blieb. In Folge des Steu-
erbescheids wanderten dann über
3.000 Kunstgegenstände in die De-
pots der „Kunst und Antiquitäten
GmbH". Von dort kamen sie teilweise in Staatliche Sammlungen
und Bibliotheken. Der größte Teil
wurde an den Westen verkauft, um
das eigene marode System über
Wasser zu halten. Erst nach der
Wende 1989 mussten die Staatlichen Kunstsammlungen Dresden
widerwillig einen Teil der damals
illegal erworbenen Sammlung an

den Sohn des inzwischen verstorbenen Helmuth Meißner zurückge-
ben.

Steuerwahn, Finanzamt-Stress,
Steuerhinterziehung

4. Leichenfledderei im 21. Jahrhundert:

Das Finanzamt schreckt vor nichts zurück

Man sollte denken, dass mit dem Tod auch die Quälerei durch das Finanzamt ein Ende hat. Es wäre zu schön, aber selbst vor "Leichenschändung" schrecken deutsche Steuerbehörden nicht zurück. Der folgende Fall ereignete sich in der Stadt Krefeld im Jahre 2012. Man würde es nicht für möglich halten, hätten nicht seriöse Zeitungen damals ausführlich über den Fall berichtet.

Frau Altmann verstarb 2010 hochbetagt mit 89 Jahren – an ihr hatte das Finanzamt über viele Jahre ein stolzes Sümmchen verdient – doch damit nicht genug! Ende 2012 – selbstredend in der Vorweihnachtszeit – meldete sich bei den Hinterbliebenen das Finanzamt. Es sei noch eine knapp fünfstellige Summe offen, dazu Verzugszinsen... Jedoch ging es nicht etwa um Erbschaftsteuern oder Begräbniskosten, wo jeweils das Finanzamt kräftig mit verdient, sondern es ging um die weitere Besteuerung der Toten! Angeblich seien noch Rechnungen bis in das Jahr 2007 offen, die müssten eben jetzt die Tochter und der Schwiegersohn zahlen – als Doppelverdiener habe dieses Ehepaar ohnehin viel zu viel zum (Über)Leben, so die Logik des Finanzamts. Das Ehepaar hatte größte Schwierigkeiten, in den Unterlagen der Toten fünf Jahre zurückliegende Vorgänge zu rekonstruieren. Ohne Belege für steuermindernde Ausgaben musste der Schwiegersohn in den sauren Apfel beißen und ungerechtfertigt hohe Steuern zahlen. Das Paar hatte an dem Erbe wenig Freude. Rückblickend meinte es: „Am meisten stört uns die Art und Weise, wie das Finanzamt einen von oben herab behandelt — mit großem Desinteresse für die besondere Situation". Dem Paar war die Steuerschuld der Verstorbenen nicht bekannt, die Forderung der Behörde zum Zeitpunkt der Testamentseröffnung nicht offensichtlich. Im Klartext: selbst wenn man erbt und

pflichtgemäß seine Erbschaftsteuer zahlt, kann eines Tages eine
Forderung bezüglich des Erblas-
sers das Finanzamt eine Existenz
zerstören! Mit solchen Tricks ver-
suchen die Behörden, dass Bürger
aus Angst vor dem Fiskus ihr Erbe
ausschlagen, oder, was das Finanzamt am liebsten sieht, gleich den
Staat als Erbe einsetzen.

Steuerwahn, Finanzamt-Stress, Steuerhinterziehung

5. Uhrmacher Breitenbürger: „Es ging zu wie auf dem Basar"

Rolf Breitenbürger ist ein Uhrmachermeister, der in Bremen einen alteingesessenen Betrieb führt – hier werden seit Jahrzehnten Steuern gezahlt. Er ist in seinem Heimatort als Uhrendoktor bekannt und engagiert sich für die FDP. Am Fenster seines Ladens findet man die mutige Aufschrift „Diebe, Betrüger und Finanzbeamte sind auch als Kunden unerwünscht". Dafür gib es, wie wir gleich sehen werden, einen triftigen Grund.

Mitten in der Weihnachtszeit
2010 standen (unangemeldet) zwei
Steuerprüfer vor der Tür. Laut
Breitenbürger nahmen sie in seinem Laden Platz, tranken dort
Kaffee und unterhielten sich stun-
denlang miteinander. Da in seinem
Laden viel mit Bargeld gezahlt
wird, ist hier das Finanzamt besonders misstrauisch. Im Bescheid
nach dem Besuch wurde die Nach-
zahlung auf 20.000 Euro festgelegt, weil angeblich die Buchfüh-
rung nicht vollständig gewesen sei.
Diese Summe war, wie sich bald
herausstellte, völlig überzogen, geradezu willkürlich und zeigt, mit
welchen Maximalforderungen
Steuerbeamte Angst und Schrecken verbreiten. Im Falle von
Meister Breitenbürger führte diese
überzogene Forderung auch zu ge-

sundheitlicher Beeinträchtigung.
Er fand aber noch die Kraft, im
neuen Jahr einen Fachanwalt für
Steuerrecht aufzusuchen. Schon
nach einer Woche rückte das Finanzamt von der Maximalforde-
rung ab und wollte jetzt „nur
noch" 14.000 Euro haben. Das
zeigt, dass nur diejenigen Bürger
sich schützen können, die die
Gebühren für spezialisierte Anwäl-
te zahlen können – wer das nicht
kann, ist dem Finanzamt hilflos
ausgesetzt. Meister Breitenbürger
konsultierte auch den Petitionsaus-
schuss, sein Fall kam bis zur Fi-
nanzsenatorin. Die Finanzbehörde
wurde immer kleinlauter, nachdem
sie merkte, dass Meister Breitenbürger sich wehrte und auch in die
Öffentlichkeit ging – so berichtete
sogar der Dokumentarfilmer Lutz

G. Wetzel in der Sendung „45 min." für den öffentlich-rechtlichen NDR – finanziert vermutlich mit einem Teil des Geldes, welches man Breitenbürger abgenommen hat.

Breitenbürger meint heute rückblickend: „Es ging zu wie auf dem Basar". Schließlich musste er nur noch einen Bruchteil der ehemaligen Forderung zahlen, was die Bezeichnung „Diebe und Betrüger" durchaus rechtfertigt. Dem Bremer Finanzamt ist dieser Fall heute so peinlich und unangenehm, dass es dazu nicht Stellung nimmt.

Steuerwahn, Finanzamt-Stress,
Steuerhinterziehung

6. Das Leben schenkt Dir etwas – das Finanzamt will es auch

Folgendes Vorgehen war derart skandalös, dass sogar die ARD-Sendung „Brisant" darüber berichtete. Es ging um Annerose und Lisa Richter sowie ihren Onkel Helfried aus Ziegra-Knobelsdorf bei Döbeln in Sachsen. Die Familie lebte dort auf einem verfallenen Vierseit-Bauernhof auf dem Lande – eigentlich hätte man die Familie unterstützen müssen, dass sie überhaupt noch in den alten Ge-

mäuern ohne Strom und ohne Hei-
zung lebte.

2008 nahm die Familie an der
TV-Show „Einsatz in vier Wänden"
teil, bei der RTL das Wohnhaus des
Hofes überhaupt wieder bewohn-
bar machte. Vom Finanzamt hörte
Familie Richter erst, als bereits
acht Jahre vergangen waren. Das
Finanzamt wartet nämlich gerne:
zu der Forderung kann es nämlich
jetzt saftige Wucherzinsen auf-
schlagen. Selbstverständlich meldete sich das Amt auch in diesem
Fall in der Adventszeit, wo man
eher an Frieden und Familie denkt
als an die negativen Kräfte, die
den Frieden und die Familie zerstören.

2015 schrieb das Amt also Frau
Richter an: sie habe noch 200.000
Euro Schulden, genau genommen

158.462,23 Euro zuzüglich 40.000 Euro Zins. Zu dem Zeitpunkt, als die Renovierungen stattfanden, war Lisa Richter noch nicht einmal erwachsen. Es waren die Nachwendejahre: die Löhne waren gering, die gesamte Wirtschaft befand sich im Umbruch, die Landbevölkerung ging in die umliegenden Städte oder gleich ganz in den Westen. Auch die Familie Richter war von Erwerbslosigkeit und Krankheit betroffen, der Hof war damals baufällig und barg gesundheitliche Gefahren. 2008 wurden damals nur das Wohnhaus renoviert und von diesem noch nicht einmal alle Räume, sondern nur die notwendigsten. Das jedoch spielt für das Finanzamt keine Rolle. Der eigentliche Bescheid ist kaum lesbar und nur schwer verständlich. Es scheint so, dass das Amt die Renovierung als „Einkunft" deklariert. Es wird behauptet, Lisa Richter, ihre Mutter und der Onkel seien bei RTL als „Laiendarsteller" aufgetreten und die Renovierung sei ihr „Honorar" gewesen. Obwohl die Familie Richter durch die Renovierung keinen einzigen Euro verdient hat, war jetzt auf einmal mehr zu zahlen, als der gesamte Hof wert war!

RTL äußerte sich zu dem Fall und verwies darauf, dass die Finanzämter bei solchen Renovierungen völlig unterschiedlich vorgingen: manche stellten gar keine Forderungen, andere schon. In diesem Fall wurde die Summe auch von RTL als „völlig absurd" eingestuft. Die Frage kam auf: „Warum interpretiert diese Finanzbehörde

komplett anders als viele andere?"
Dazu muss man wissen, dass das
Finanzamt Döbeln die Familie vor
Ort natürlich kannte. Neid und
Missgunst spielten wohl eine Rolle:
Lisa Richter ist eine hübsche junge
Frau, die nun in einem schönen
Bauernhof wohnt, während die Be-
amten in grauen Amtsstuben sit-
zen und ihr Leben in Eintönigkeit
vorüberzieht. Man erträgt es dort
einfach nicht, dass jemand Erfolg
hat und glücklich ist. Dieses Glück
wurde durch das Amt jedoch
gründlich zerstört: Die Gesundheit
des Onkels wurde durch das vom
Finanzamt angetane Leid völlig
ruiniert, er kann sich nur noch im
Rollstuhl bewegen und ist zum
Pflegefall geworden. Lisa Richter
ist nervlich durch die jahrelangen
Auseinandersetzungen mit dem

Amt schwer belastet. Als Kindergärtnerin kann sie unmöglich die Summe aufbringen, die durch Verzinsung täglich weiter anwächst. Noch 2016 dauerten die Prüfungen an, die Zwangsversteigerung des Hofes droht.

Steuerwahn, Finanzamt-Stress, Steuerhinterziehung

7. Berliner Possen:

Steuerpraxis unter Senator Dr. Thilo Sarrazin

Joachim Werner betrieb und betreibt auch heute noch eine kleine hochspezialisierte Firma für Maschinenbau in Berlin-Spandau. Hergestellt werden hochwertige Labormaschinen für die Gummi- und Kunststoffindustrie. Dass Herr Werner noch heute fleißig Steuern zahlt, grenzt an ein Wunder, denn kurz nach der Jahrtausendwende versuchte das Finanzamt mit aller Macht, den Betrieb des Herrn Werner zu zerstören.

Anlass des Ärgernisses waren Steuerzahlungen, die vom Finanzamt willkürlich geschätzt wurden, viel zu hoch, wie sich bald herausstellen sollte. Dabei überstieg die geforderte Summe 25 Mal den eigentlich geschuldeten Betrag! Selbstverständlich zahlte Herr Werner nur die tatsächlich angefallene Steuersumme, nicht aber die überzogenen Schätzungen. Um an das gesamte Geld zu kommen, beschlagnahmte das Finanzamt zunächst einige Werkzeugmaschinen und versteigerte sie einfach. Das war im Frühjahr 2005. Herr Werner musste Zeit und Mühe aufwenden, um neue Werkzeugmaschinen zu beschaffen. Im Sommer 2005 hatte das Finanzamt beim Amtsgericht Berlin-Charlottenburg eigenmächtig die Insolvenz der Firma

beantragt – Herr Werner musste
wieder Zeit und Mühe aufwenden,
diese Insolvenz abzuwenden. Im
Schriftwechsel mit der Steuerbehörde wurden dieser verschiedene
Kunden des Maschinenbau-Be-
triebs bekannt, die von der Behörde sogleich darüber informiert
wurden, zukünftige Forderungen
würden gepfändet! Trotz dieser
geschäftsschädigenden Maßnahmen gelang es der Behörde nicht,
den Betrieb in die Insolvenz zu
stürzen.

Jetzt griff man zu einer neuen
Taktik: man begann, immer wieder
Pfändungen vorzunehmen und damit den Ruf des Unternehmers bei
den Banken zu schädigen. Tatsächlich musste Herr Werner in
den folgenden Monaten mehr als
sechs Mal die Bank wechseln, da

nach einer Pfändung selbstverständlich jeglicher Kredit bei einer
Bank verspielt war. So kam es zwischen Januar bis April 2006 auch
zur Pfändung des Kontos bei der
damaligen Dresdner Bank, die später selbst gewissermaßen von der
Commerzbank gepfändet werden
sollte. Die Folge war unter ande-
rem, dass die Aufträge in dieser
Zeit zurück gingen, was dann zu
einer weiteren Pfändung im August des Jahres 2006 führte. Ein
Teufelskreis: das Konto ist gepfändet, die Aufträge können nicht be-
arbeitet werden, die Einnahmen
sinken, die nächsten Steuervoraus-
zahlungen können nicht beglichen
werden, es kommt zu erneuten
Pfändungen.

Man kann sich leicht vorstellen,
was es heißt, wenn das Geld für le-

bensnotwendige Medikamente, für
Arztbesuche, für Lebensmittel
oder für Benzin fehlt – sogar zum
Schwarzfahren wird man durch
den Staat indirekt gezwungen, wobei man dann weitere Scherereien
hat. Falls man ein Darlehn zurück-
zahlt, wird die Rückzahlung durch
die Pfändung unterbrochen – da-
durch wird die Rückzahlung der
gesamten Summe erforderlich,
was neue Schwierigkeiten verur-
sacht. Falls man privat krankenver-
sichert ist, kann man durch eine
Pfändung sogar seinen Versiche-
rungsschutz verlieren, man wird
quasi vogelfrei, zum Abschuss frei-
gegeben. Kurz: der Staat schreckt
nicht vor Erpressung zurück, um
von seinen Bürgern auch das
Letzte herauszupressen. Seinen
Ursprung haben solche Pfän-

dungen im Raubrittertum des 15. Jahrhunderts, wo erstmals in der Lombardei 1481 ehrenwerte Ritter das Konto eines Kaufmanns pfändeten, um an eine angebliche Steuerschuld heranzukommen. Allein aus dem Willen zum Überleben wurden dann aus der Not heraus alle Forderungen, ob berechtigt oder nicht, beglichen. Dabei ist es bis heute geblieben. Denn tatsächlich ist das Finanzamt seine eigene Exekutive! Forderungen, die man dort für rechtens erachtet, können sofort vollstreckt werden. Das ist sogar dann der Fall, wenn diese Forderung eine bloße Schätzung ist. Die Finanzverwaltung hat bei fälligen Forderungen auch die freie Wahl der Mittel. Der Beamte kann sofort einen eigenen amtsinternen Gerichtsvollzieher losschi-

cken oder irgend ein bekanntes
Konto pfänden, und wenn kein
Konto bekannt ist, dann nimmt er
einfach das Konto der Ehefrau.
Auch Maschinen, Autos oder sons-
tige Werte sind nicht vor den Grei-
fern des Finanzamts sicher. Wenn
Beträge „fällig" sind, dann muss
nicht einmal gemahnt werden (!),
sondern es kann innerhalb von
Stundenfrist gepfändet werden.

So war es auch im Fall von Herrn
Werner. Die Finanzverwaltung
beauftragte die Polizei, welche ihn
am 3. August 2006 in seinem
Wohnhaus aufsuchte, da man sich
bei diesem Auftritt vor der Familie
mehr Druck erhoffte. Selbstverständlich war man zu zweit, und
ebenso selbstverständlich geschah
dies an einem Sonntag frühmor-
gens. Dabei ging es lediglich um

eine Summe von 300 Euro. Der eigentliche Zweck war Einschüchterung und Machtdemonstration.

Einige Monate später folgte eine weitere Polizeiaktion, auf Empfehlung des Finanzamts. Diesmal ging es um eine Forderung von immerhin über 2.700 Euro. Herr Werner hätte diese Summe schon aus Angst vor neuerlichen Sanktionen überwiesen, aber er hatte zuvor nicht einmal eine Zahlungsaufforderung erhalten! Wir schildern das Unglaubliche mit seinen eigenen Worten:

„Kurze Zeit später standen drei Polizisten in grün in voller Montur mit Knieschützern etc. bei mir im Büro zusammen mit einem 4. und 5. Mann im Mannschaftswagen auf dem Hof, um mich offiziell zu verhaften und mich für 90 Tage ins

Gefängnis zu bringen. Ich könne die Haft nur verhindern, wenn ich sofort und in bar 2.700 Euro zahlen würde. Ich sagte, dass ich das Geld von der Bank holen würde: 'Nein, Sie sind ab jetzt verhaftet und dürfen keinen Schritt mehr alleine unternehmen'. Man würde mich begleiten zur Bank. 'Okay! Dann warten Sie aber bitte draußen, denn was macht es für einen Eindruck in der Bank, wo man mich gut kennt und als korrekten Partner schätzt.' 'Nein, wir dürfen Sie nicht mehr alleine lassen, da Sie verhaftet sind; wir werden mit Ihnen in die Bank kommen, da sie ja durch die Hintertür flüchten könnten'. Meine Antwort: 'Dann halten Sie bitte mit Ihrem Mannschaftswagen in einer Seitenstraße, es kann doch nicht Ihr Ziel

sein, mich auch noch menschlich
zu demütigen oder zu brechen'.
Man fuhr mit mir in die Mitte der
Fußgängerzone von Berlin-Spandau und ließ mich dort mitten in
der Menge aus dem Mannschaftswagen. Ich ging mit drei Polizisten
im Schlepptau in die Bank. Die
Herrschaften postierten sich innen
in der Zweigstelle vor den Türen
und begleiteten mich erfreulicher-
weise dann doch nicht mehr bis di-
rekt zum Schalter. Man stelle sich
vor, ich hätte das Geld nicht auf
dem Konto gehabt!"
Es gelang Joachim Werner in den
folgenden Jahren, alle Forderungen des Finanzamts zu begleichen
und dank seiner Hartnäckigkeit
konnten mehrere Mitarbeiter vor
der Arbeitslosigkeit gerettet werden. Zu seinen Schwierigkeiten

mit der Steuerbehörde äußerte sich der Berliner Finanzbeamte, der gegen den Unternehmer von 2005 bis 2007 vorging, lediglich ironisch: „Sie können ja denselben Job machen wie ich".

8. Sportkarriere und Ehemann verloren:

Das Schicksal von Katrin Krabbe-Zimmermann

Sportler und Sportlerinnen, wenn sie einmal erfolgreich sind, stehen häufig im Fokus der Finanzbehörde. Das bekam auch Michael Zimmermann (geb. 1962) zu spüren. Er war 21 Jahre mit der Athletin Katrin Krabbe-Zimmermann verheiratet, die 1991 Doppelweltmeisterin über hundert und zweihundert Meter und anschließend zur Welt-Leichtathletin des Jahres und Weltsportlerin des Jahres gewählt wurde. Auch Michael Zimmermann war Leistungssportler, arbeitete dann nach seiner Rudererkarriere als Rechtsanwalt.

Katrin Krabbe eröffnete nach ihrem Karriereende 1992 ein Geschäft für Sportwaren in Neubrandenburg. 2009 hat die Steuerbehörde dieses Geschäft erfolgreich in die Insolvenz getrieben, da eine Steuerschuld von 200.000 Euro nur zur Hälfte aufgebracht werden konnte. Dabei hatte die Steuerschuld gar nichts mit dem Geschäft zu tun, sondern mit einer viel älteren Angelegenheit: Die Steuerschuld stehe in Verbindung mit der Schadenersatzzahlung des Leichtathletik-Weltverbandes IAAF aus dem Jahre 2002. Damals wehrte sich Katrin Krabbe erfolgreich gegen Doping-Vorwürfe, es kam

nach langen Prozessen schließlich
zur Zahlung von rund 614.000
Euro. Da es sich um einen
Schadenersatz auf einen „entgan-
genen Gewinn" gehandelt habe,
hätte das Geld als Einkunft
angegeben und versteuert werden
müssen.

Michael Zimmermann hat die
Privatinsolvenz stark verändert, er
bekam Schuld- und Schamgefühle
gegenüber seiner Familie, die er
nie ganz ablegen konnte. In seinen
Augen war seine Karriere als ehr-
barer Rechtsanwalt zerstört worden. Katrin Krabbe fand eine neue
Arbeit in einem Autohaus in ihrer
Geburtsstadt Neubrandenburg,
Michael Zimmermann fand in den
schwierigen Nachwendejahren keine neue Aufgabe.

Das Insolvenzverfahren zog sich in die Länge und war selbst 2015 nicht abgeschlossen. Noch im Dezember (auch in diesem Fall natürlich zur Weihnachtszeit!) kündigte das Finanzamt an, nun weitere Nachforderungen zu prüfen. Am 5. Mai 2015 fuhr Michael Zimmermann verzweifelt in seinem Auto in der Gegend von Neustrelitz umher, nahm dann in einem Wald bei Adamsdorf eine tödliche Dosis Insulin zu sich. Seiner Ehefrau wurden durch Behörden erst die Sportkarriere vernichtet, dann der Ehemann. Sie äußerte sich nach dem Tod versöhnlich: „Ich spüre, dass er noch da ist. Er hat jetzt diese Schmerzen nicht mehr".

Steuerwahn, Finanzamt-Stress,
Steuerhinterziehung

9. Von der Mafia gelernt:

Finanzämter in bella Italia

Auch im Ausland greifen die Finanzämter erbarmungslos zu. Auch hier gilt: wo ehemals rechte Diktaturen herrschten, ist es besonders schlimm. Beispiel Italien:

2012 rollte eine Selbstmordwelle über das Land. Durch die wirtschaftliche Misere konnten viele Italiener ihre Steuern nicht mehr zahlen, es kam zu Erschießungen, Ertränkungen, Selbstverbrennungen. Von den Medien wurden diese Morde kaum beachtet, mit Ausnahme des tragischen Falls von Giuseppe Campaniello.

Giuseppe Campaniello hat sein Leben lang hart als Maurer gearbeitet. Der Lohn: ein bescheidenes Häuschen vor den Toren Bolognas. Mit 58 Jahren war er in einem Alter, in dem man nicht mehr so ohne weiteres neu anfängt. Er lebte in Ozzano, was ein beschaulicher Ort sein könnte, wenn nicht die gierige Steuerbehörde wäre. Im Vergleich zur Steuerbehörde ist selbst die Mafia in Italien eine Friedensorganisation. Die Steuerbehörde in Bologna hatte es vor allem auf das kleine Haus des Handwerkers abgesehen und setzte nun Campaniello unter Druck. Er sollte sofort 104.000 Euro begleichen, hinzu rechnete die Behörde zahlreiche Sonderabgaben, Strafzahlungen, Verzugszinsen - eine Gesamtsumme von über 200.000 Euro, was höher war als der Wert des Hauses. Angefallen seien diese Steuern zwischen 2005 bis 2007. Man fragt sich, warum die Behörden sich erst 2012 meldeten - es ist jedoch eine beliebte Taktik der Ämter, erst nach vielen Jahren mit Zahlungsaufforderungen zu kommen, wenn die meisten Steuerzahler ihre Unterlagen nicht mehr vollständig haben, was dann sofort zu willkürlichen Steuerschätzungen führt.

Tatsächlich versuchte das Amt, Campaniello von der Bildfläche verschwinden zu lassen. Man klagte ihn wegen „falscher Rechnungen" an, und Campaniello wurde zu fünf Monaten und 10 Tagen Haft verurteilt. In einem zweitinstanzlichen Verfahren konnte er aber nachweisen, dass diese „falschen Rechnungen" eine Fälschung der Finanzbehörde (!) waren, er selbst stets korrekte Bilanzen hatte. Diese für Campaniello gute Nachricht hat ihn jedoch tragischerweise nicht mehr rechtzeitig erreicht: Am 28. März machte sich Campaniello, der sich noch als Verurteilter sah, im Morgengrauen von seinem Heimatort auf und fuhr nach Bologna in die Via Paolo Nanni Costa, wo die Steuerbehörde in einem komfortablen Neubau residiert. Vor dem Gebäude übergoss er sich mit Benzin, setzte sich in seinen Fiat Punto, entzündete sich und explodierte förmlich wie ein Feuerball. Unglücklicherweise verstarb er nicht sofort. Mit allerschwersten

Verletzungen brachte man das, was von Campaniello noch übriggeblieben war, mit dem Hubschrauber nach Parma. Dort ist er dann nach qualvollen Tagen am 5. April verstorben.

In Campaniellos Nachlass fand man einen Abschiedsbrief, aus dem hervorging, dass er seine Steuern stets pünktlich und in vollem Umfang gezahlt hatte. Er schließt diesen Brief mit der Bitte, dass die Behörde, nachdem er nun tot sei, seine Ehefrau Tiziana Marrone in Frieden lassen möge. Selbstverständlich hat das Finanzamt dieser Bitte nicht entsprochen, sondern wollte jetzt von der Ehefrau 60.000 Euro, da Tiziana Marrone die angebliche Steuerschuld des Mannes geerbt habe. Der Kampf geht weiter...

Steuerwahn, Finanzamt-Stress,
Steuerhinterziehung

Quellen und Nachweise:

1. Personalakte Bundesarchiv; Walter Schwarz: Requiem auf einen geliebten Lehrer, in: Juristische Schulung, 17, 7, 1977, S. 487-490; Walter Schwarz: Späte Frucht. Bericht aus unsteten Jahren, Hamburg 1981; Horst Göppinger: Juristen jüdischer Abstammung im 'Dritten Reich', München 1990.

2. Stadtarchiv Krefeld; Dachdeckermeister verübt Selbstmord wegen schlechter

Wirtschaftslage, in: Neues Deutschland, 28.2.1954; Selbstmord wegen der Steuer, in: Die ZEIT, 4.3.1954.

3. Günter Blutke: Obskure Geschäfte mit Kunst und Antiquitäten, Berlin 1994 (2); Ulf Bischof: Die Kunst und Antiquitäten GmbH im Bereich Kommerzielle Koordinierung, Berlin 2003; Symposium 'Kunst gegen Valuta': Räuber im eigenen Land, in: Tagesspiegel (Berlin), 19.5.2011; Christiane Hoffmans: Mit dem Teufel Geschäfte gemacht, in: Die Welt, 30.7.2016.

4. Norbert Stirken: Finanzamt will Steuern von einer Toten, in: Rheinische Post, 26.11.2012.

6. Nach Auftritt in RTL-Show: Darum drohen Kandidaten hohe Steuer-Nachzahlungen, in: Focus, 16.4.2016; Knobelsdorfer Familie in Not, in: Sächsische Zeitung, 17.4.2016; Finanzamt schweigt zu Knobelsdorfer Familie, in: Leipziger Volkszeitung, 21.04.2016.

7.
http://www.vogt-labormaschinen.de/Diverses /Finanzamt.htm

8. Katrin Krabbes Wut über den Suizid ihres Mannes, in: Die Welt, 18.9.2015; Katrin Krabbe über den Tod ihres Mannes: 'Etwas Schlimmeres gibt es nicht', in: Der Spiegel, 19.9.2015; Björn Jensen: Das neue Leben der Weltklassesportlerin Katrin Krabbe, in: Berliner Morgenpost, 26.5.2017.

9. Si diede fuoco davanti alle entrate mauro Giordano: La targa del Comune per Campaniello, in: Corriere di Bologna, 28.3.2012; È morto l'uomo che si era dato fuoco a Bologna, in: 24 Ore, 6.4.2012; Si diede fuoco a Bologna, la Procura archivia l'indagine sulla morte di Campaniello, in: La Repubblica, 7.3.2014.

Steuerwahn, Finanzamt-Stress,
Steuerhinterziehung

Steuerwahn, Finanzamt-Stress,
Steuerhinterziehung

Impressum

Alle Abbildungen: Pixabay GmbH
(VAT Reg.No.: DE322857686), München, sowie Wikimedia.
1. Auflage März 2020
ISBN: 9798631235144